Jesus nos ensina a viver

© 2008 Luís Erlin (textos), Editora Ave-Maria
Rua Martim Francisco, 636 - CEP: 01226-002 - São Paulo - SP
Televendas: 0800 7730 456
editorial@avemaria.com.br • comercial@avemaria.com.br
www.avemaria.com.br

ISBN: 978-85-276-1481-8
16ª reimpressão – 2025

Diretor-presidente: Luís Erlin Gomes Gordo, CMF
Diretor Administrativo: Rodrigo Godoi Fiorini, CMF
Gerente Editorial: Áliston Henrique Monte
Editor Assistente: Isaias Silva Pinto
Revisão: Isabel Ferrazoli
Produção Gráfica: Carlos Eduardo P. de Sousa
Impresso na China

Dados Internacionais de Catalogação na Publicação (CIP)
Angélica Ilacqua CRB-8/7057

Erlin, Luís
 Jesus nos ensina a viver / Luís Erlin; ilustrações de Mauricio de Sousa. – São Paulo: Ave-Maria, 2014. 64 p.: il., color.

ISBN: 978-85-276-1481-8

1. Crianças - Livros de oração e devoções   I. Título
II. Sousa, Maurício de

13-1030   CDD 242.82

Índice para catálogo sistemático:	
1. Crianças - Livros de oração e devoções	242.82

Jesus nos ensina a viver

Editora
AVE-MARIA

Luís Erlin, CMF

MSP ESTÚDIOS

Ilustrações
Mauricio de Sousa

Meu amigo JESUS, esses dias na escola, a professora falou de você.

Fiquei sabendo de tanta coisa bonita!

Ela disse que precisamos viver como você nos ensinou, seguindo seus exemplos...

Assim, nossa vida seria mais feliz e o mundo se tornaria um lugar de irmãos.

Um amiguinho da minha sala fez uma pergunta superinteressante: *"Como Jesus pode nos ensinar a ser pessoas melhores?"*

A professora explicou que você, querido Jesus, fala pelas páginas da *Bíblia*.

E que todos os seus ensinamentos estão escritos lá.

A *Bíblia* é uma carta amorosa de Deus para nós.

Foi então que a professora teve uma ideia muito legal!

Ela pediu um trabalho em grupo: nossa missão seria encontrar passagens na *Bíblia* que nos ensinassem o caminho da felicidade e a viver em paz, com os outros e com a natureza.

Descobrimos, então, que a *Bíblia* está dividida em duas grandes partes, chamadas testamentos:

– ANTIGO TESTAMENTO

Conta a história desde a criação do mundo até a vinda dos profetas que anunciavam a sua chegada, JESUS, que no futuro viria morar no meio de nós.

– NOVO TESTAMENTO

Começa com o seu nascimento, JESUS, depois narra a sua vida, seus milagres e as lições que você nos ensinou. Fala também da sua morte e ressurreição, e como os seus amigos se organizaram para anunciar por todo o mundo sua mensagem de amor.

Jesus, veja quanta novidade nós aprendemos com você, ao fazer a pesquisa:

_____

_____

_____

_____

_____

_____

_____

_____

_____

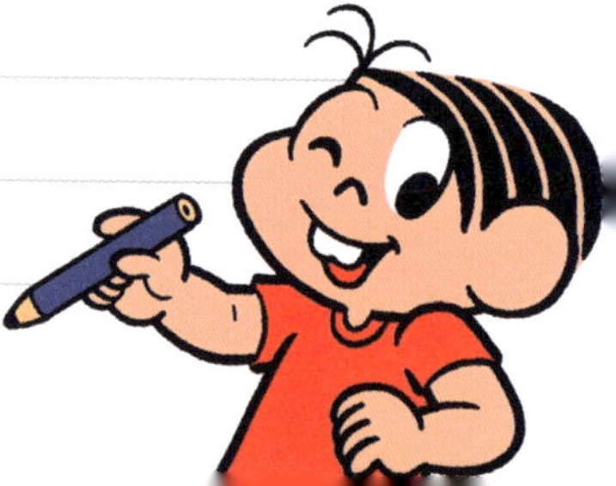

1 - Somos todos irmãos

Encontramos uma passagem em que você, JESUS, ensina seus amigos a rezar o Pai-Nosso.

Aprendemos que Deus é Pai de todo mundo.

Ele cuida de nós com carinho, porque somos os seus filhos.

Somos todos irmãos. Por mais diferentes que sejamos uns dos outros, temos que viver como uma grande família, com respeito e amor.

Pai nosso,
que estais no céu,
santificado seja o vosso nome;
venha a nós o vosso reino,
seja feita a vossa vontade,
assim na terra como no céu.
O pão nosso de cada dia
nos dai hoje,
perdoai as nossas ofensas,
assim como nós perdoamos
a quem nos tem ofendido,
e não nos deixeis
cair em tentação,
mas livrai-nos do mal.
Amém!

Vamos procurar esse ensinamento na *Bíblia*?

Dica de leitura

Novo Testamento – evangelho escrito por Mateus
Capítulo (que é o número grandão): 6
Versículos (que são os números pequenininhos): de 7 até o 15

ACHO QUE É FOME!

2 - Deus sempre nos amará

Encontramos no Evangelho de Lucas uma história muito bonita, de um pai que tinha dois filhos.

O mais novo resolveu abandonar a família e se aventurou pelo mundo.

Depois de muita farra, perdeu tudo e se arrependeu.

Decidiu então voltar para casa...

O coração do pai, desde que o filho tinha partido, vivia triste.

Ao ver o filho voltando, o pai correu e o abraçou, nem o deixou se desculpar.

E mandou fazer uma grande festa...

Essa história, querido Jesus, nos ensinou que o seu amor por nós é maior do que qualquer pecado que cometemos, e que o Papai do Céu sempre perdoa.

Encontre essa linda história na *Bíblia*:

Dica de leitura

Novo Testamento – evangelho escrito por Lucas
Capítulo (número grandão): 15
Versículos (números pequenininhos): de 11 até o 32

18

3 - Respeito aos outros

Quanta sabedoria nós encontramos na *Bíblia*.

Estudamos um ensinamento que todo mundo deveria aprender.

Conversando com seus amigos, você, JESUS, mostrou que o respeito pelos outros é fundamental para que possamos viver bem.

Gostamos desta frase:

"Tudo que vocês quiserem que os outros façam por vocês, façam vocês por eles".

Se eu quero ser amado,
eu devo amar.
Se eu quero ser respeitado,
eu devo respeitar.

Pesquise você também na *Bíblia*:

Dica de leitura

Novo Testamento – evangelho escrito por Mateus
Capítulo (número grandão): 7
Versículo (número pequenininho): 12

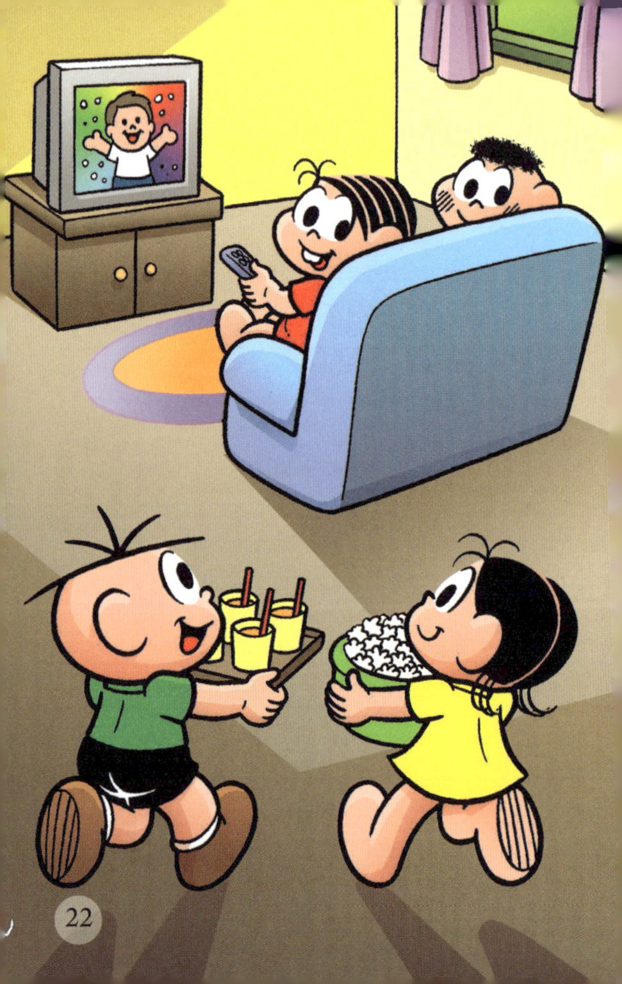

4- Respeito aos pais (ou responsáveis)

JESUS, você também foi criança.
Lemos que, quando você tinha
12 anos, acabou se perdendo
de seus pais, deixando sua mãe
muito preocupada.

A *Bíblia* fala que você, depois
de ser encontrado, e passado o susto,
cresceu ao lado de José e Maria como
bom filho, respeitando seus pais.

Na nossa sala, alguns amiguinhos não vivem com seus pais. Alguns são educados pelos avós, pelos tios ou por outros adultos que nem sempre são seus parentes, mas se tornaram sua família.

Mas a regra vale para todos: devemos amar e respeitar aqueles que são responsáveis pela nossa educação.

Veja como JESUS se perdeu e como foi encontrado pelos pais, lendo na Sagrada Escritura:

Dica de leitura

Novo Testamento – evangelho escrito por Lucas
Capítulo (número grandão): 2
Versículos (números pequenininhos): de 41 até o 52

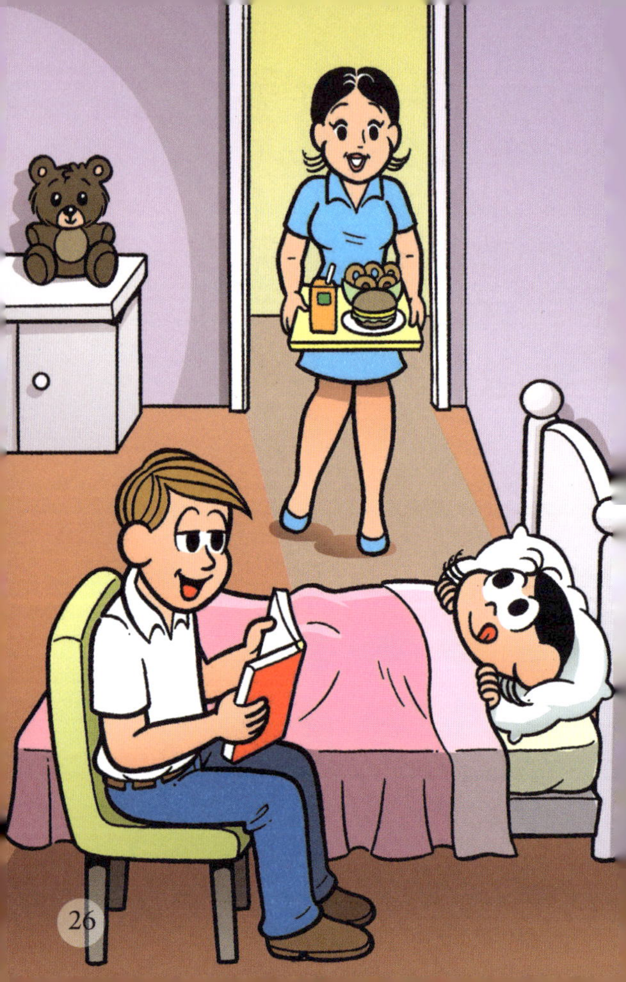

5- Perdoar sempre

JESUS, você também gostava de lançar desafios aos seus amigos.
Pedro veio com uma conversa para o seu lado, querendo saber quantas vezes devemos perdoar alguém que nos tenha magoado. E você disse que sempre devemos perdoar. Em todos os momentos.

Às vezes, é tão difícil perdoar, mas, lendo a *Bíblia*, nós descobrimos que ofensa não perdoada acaba se tornando um peso para nós...

Quando estamos com raiva de alguém, não conseguimos ser felizes.

Querido JESUS, nós vamos fazer um esforço bem grande para viver essa lição de amor.

Leia na *Bíblia* a conversa de Jesus com Pedro:

Dica de leitura

Novo Testamento – evangelho escrito por Mateus
Capítulo (número grandão): 18
Versículos (números pequeninhos): 21 e 22

30

6 - A caridade

Descobrimos uma coisa boa: somos bastante parecidos com você, querido Jesus.

Nós gostamos bastante de histórias e de contos e, lendo a *Bíblia*, vimos que você também gostava.

É linda aquela história que fala do bom samaritano, daquele homem que, passando pela rua, encontrou uma pessoa caída, toda machucada. Ele sentiu compaixão por ela, fez curativos nas suas feridas, a levou ao hospital e pagou toda a despesa.

Hoje, JESUS, encontramos tanta gente caída pelas ruas...

Depois que lemos essa passagem na *Bíblia*, resolvemos formar um grupo na escola que recolhe uma vez por mês alimentos, roupas e brinquedos. Depois, distribuímos tudo a muitas famílias carentes.

Nós ficamos superfelizes em saber que podemos fazer o bem.

Quer ler a história do bom samaritano contada por JESUS?

Dica de leitura

Novo Testamento – evangelho escrito por Lucas
Capítulo (número grandão): 10
Versículos (números pequenininhos): de 25 até o 37

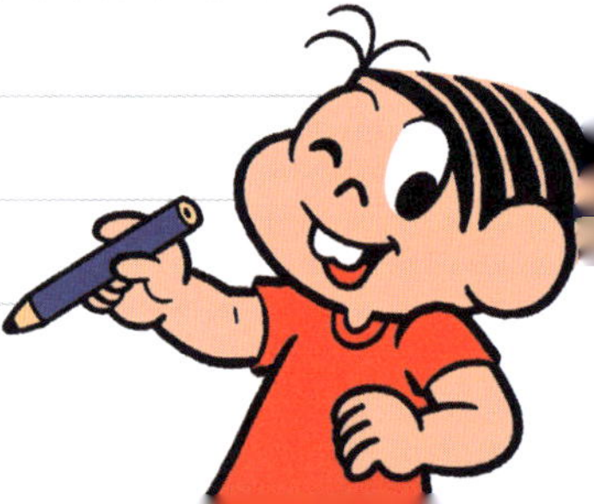

7 - Amigos especiais

JESUS, na nossa turminha, que é formada por muitas crianças, temos amiguinhos especiais.

Tem criança que não enxerga, que não ouve e até que se locomove numa cadeira de rodas.

Na *Bíblia*, lemos que você, JESUS, também tinha muitos amigos especiais.

O legal é que você sempre dava um jeito para que eles não se sentissem sozinhos.

Na sala de aula, vimos que a pior deficiência é a desinformação e o preconceito.

Todos nós temos os mesmos direitos de estudar e de brincar.

Afinal, os cegos parecem enxergar com os dedos. Eles são pessoas muito sensíveis.

As pessoas em cadeiras de rodas podem participar de muitas atividades. As crianças, assim como os adultos, podem fazer esportes, ir ao cinema, aos parques...

Os surdos "falam" com as mãos. São todos um exemplo de vida.

A *Bíblia* está recheada de histórias sobre os amigos especiais de JESUS, vale a pena ler essa:

Dica de leitura

Novo Testamento – evangelho escrito por Marcos
Capítulo (número grandão): 10
Versículos (números pequenininhos): de 46 até o 52

38

8 - O perigo das drogas

Jesus, lemos e relemos uma passagem na qual você fala dos falsos profetas.

Não entendemos muito bem.

Fomos então perguntar à professora.

Ela nos explicou que os falsos profetas são aqueles que tentam nos enganar, prometendo felicidade onde ela não pode estar.

Ela citou o exemplo das drogas.

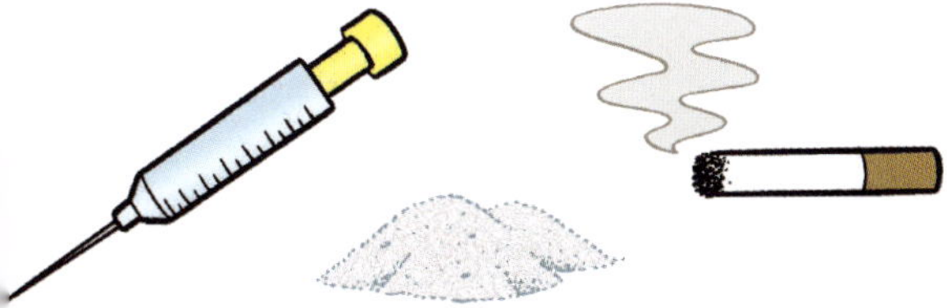

Você acredita, JESUS, que dias atrás havia um moço oferecendo balas de graça na porta da escola?

Recebemos a instrução de nunca falar com estranhos nem aceitar coisas de desconhecidos.

São muitos os falsos profetas,
veja a dica que JESUS nos dá:

Dica de leitura

Novo Testamento – evangelho escrito por Marcos
Capítulo (número grandão): 13
Versículos (números pequenininhos): de 21 até o 23

42

9 - Cuidar da natureza

Querido JESUS, no comecinho da *Bíblia*, lemos que o Papai do Céu, quando criou o mundo, deu aos homens e às mulheres a tarefa de cuidar da natureza.

Sempre vemos na TV notícias sobre desmatamentos, florestas que pegam fogo, rios contaminados, ar poluído...

Ouvimos que o mundo está esquentando bastante, ameaçando a vida na Terra.

É lamentável, JESUS, mas todos nós somos responsáveis por essa situação.

Veja algumas soluções que encontramos:

SOLUÇÕES

LIXO

Preocupados, resolvemos fazer em nossas casas a coleta seletiva de lixo...
Muita coisa pode ser reciclada.
Depois, entregamos aos coletores as latinhas, os papéis e os plásticos.
Tudo isso deixa de ser lixo e se transforma em novos objetos.
Não é legal?
Assim, o mundo vai ficando cada vez mais limpo!
Então, vamos jogar o lixo no recipiente certo:

VIDRO	PAPEL	METAL	PLÁSTICO
VERDE	AZUL	AMARELO	VERMELHO

47

ÁGUA

Jesus, sabemos o quanto
a água é importante para nossa
sobrevivência.

Você mesmo utilizou a água como
símbolo da vida várias vezes.

Em vários locais, já falta água até
para beber.

É preciso economizar.

Nada de desperdício.

Não podemos jogar pelo ralo esse
bem tão precioso.

Como podemos economizar água?

ÁRVORES

Minha turminha e eu organizamos na escola um mutirão para recuperar uma pracinha em nosso bairro.

Conseguimos na prefeitura muitas mudas de árvores e flores.

O lugar, que antes era feio, ficou bem bonito.

Todos os dias nós vamos brincar lá.

Os mais pessimistas, JESUS, podem dizer que isso é pouco para mudarmos o mundo, mas nós temos a certeza de que estamos fazendo a nossa parte.

Que bom seria se mais amiguinhos assumissem essa luta.

51

Leia como Deus, ao criar o mundo, fez tudo com carinho para que fôssemos felizes aqui:

Dica de leitura

Antigo Testamento – livro Gênesis ou livro das origens (é o primeiro livro da Bíblia)
Capítulo (número grandão): 2
Versículos (números pequenininhos): de 5 até o 25

> O QUE VOCÊ APRENDEU COM ESTA DICA?

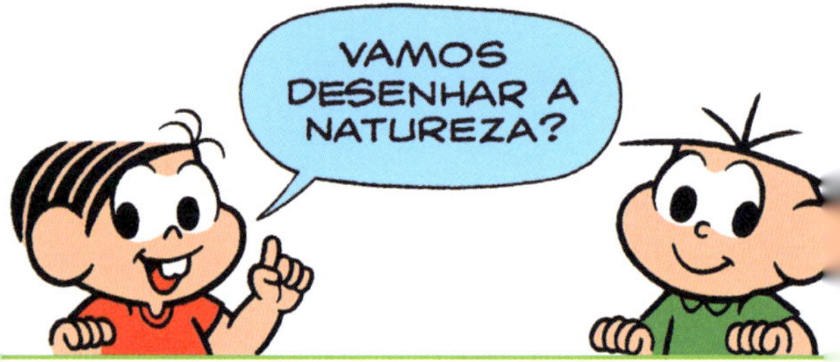
VAMOS DESENHAR A NATUREZA?

10 - Queremos a paz

JESUS, o nosso planeta está cada vez mais violento, com guerras para todos os lados.

Muitas coisas ruins estão acontecendo.

Percebemos que o mundo está longe de viver o ideal de paz proposto por você, querido JESUS.

Lemos nos evangelhos que a ressurreição significa a vitória sobre a morte...

Ao aparecer aos seus amigos, você disse várias vezes: *"A paz esteja com todos vocês"*.

Queremos que a paz esteja sempre com a gente.

Não basta desejar a paz e ficar de braços cruzados.

A paz, querido Jesus, deve ser cultivada por todos nós.

Se em cada casa as famílias procurassem viver em harmonia, essa paz se irradiaria para a vizinhança, depois para a cidade, para o país, até abraçar o mundo inteiro.

O desejo de JESUS é que vivamos em paz. Leia na *Bíblia*:

Dica de leitura

Novo Testamento – evangelho escrito por João
Capítulo (número grandão): 20
Versículos (números pequenininhos): de 19 até o 23

A ESCOLA EM FESTA

O diretor do colégio convidou todas as famílias para participarem da apresentação do nosso trabalho.

Foi uma grande festa.

60

Um grupo apresentou um jogral, outro fez uma música, muito bonita por sinal.

Minha turminha e eu preparamos um teatro.
O título foi: "Viver como Jesus viveu".
Esse trabalho nós nunca vamos esquecer.
Aprendemos tanta coisa importante...

Querido Jesus,
queremos viver como você viveu.
Que as nossas mãos sejam as suas mãos.
Faça o bem por meio de nós.
Que os nossos olhos sejam os seus olhos.
Assim, nós veremos as necessidades do próximo.
Que os nossos pés sejam os seus pés e nos conduzam ao encontro daqueles que mais precisam.
Que o nosso coração seja o seu coração.
Continue, Jesus, amando a todos por meio de nós.

Sumário

1. Somos todos irmãos 11
2. Deus sempre nos amará 15
3. Respeito aos outros 19
4. Respeito aos pais (ou responsáveis) 23
5. Perdoar sempre 27
6. A caridade 31
7. Amigos especiais 35
8. O perigo das drogas 39
9. Cuidar da natureza 43
10. Queremos a paz 55

msp@mspestudios.com.br - Rua Werner Von Siemens, 111 Prédio 19 - Espaço 1, Lapa de Baixo São Paulo - SP - 05069-900 - Tel.: (11) 3613-5000 ilustrações © 2008 MSP Estúdios. Todos os direitos reservados. www.turmadamonica.com.br

Presidente: Mauricio de Sousa • **Diretoria Executiva:** Fábio Junqueira, Marcos S. e S. Saraiva, Marina T. e Sousa Cameron, Mauro Takeda e Sousa • **Conselho:** Alice K. Takeda, Mônica S. e Sousa • Mauricio de Sousa é membro da Academia Paulista de Letras (APL) • PUBLISHING • Diretoria Executiva de Conteúdo: Marcos S. e S. Saraiva, Marina T. e Sousa Cameron • **Head de Publishing:** Wagner Bonilla • **Supervisão de Conteúdo:** Emerson Agune, Giulia Ebohon, Sidney Gusman, Wagner Bonilla • **Gerente de Conteúdo Editorial:** Emerson Agune • **Editor:** Sidney Gusman • **Editor de Arte:** Mauro Souza • **Coordenação de Conteúdo:** Giulia Ebohon • **Coordenação de Arte:** Irene Dellega, Maria A. Rabello • **Layout:** Robson Barreto de Lacerda • **Revisão de Textos:** Ivana Mello • **Diretoria Executiva Comercial:** Marcos S. e S. Saraiva, Mauro Takeda e Sousa • **Diretor de Licenciamento:** Rodrigo Paiva • **Coordenadora Comercial:** Alexandra Paulista • **Analista Comercial:** Maria Vitorino • **Jurídico:** Alexandre Siqueira • **Designer Gráfico & Diagramação:** Mariangela Saraiva Ferradás